29 mars 1856

Catalogue avec les prix et noms

AF331633

CATALOGUE

D'UNE COLLECTION

DE

BONS TABLEAUX

ANCIENS

DES ÉCOLES ITALIENNE, ESPAGNOLE, FLAMANDE,

HOLLANDAISE & FRANÇAISE

Provenant du Cabinet de M. le Comte de L. R...

DONT LA VENTE AUX ENCHÈRES PUBLIQUES AURA LIEU

HÔTEL DES VENTES

Rue Drouot, 5, Salle n° 5, au 1er étage

LE SAMEDI **29** MARS **1856**, HEURE DE MIDI.

Par le ministère de Me **DELBERGUE-CORMONT**, Commissaire-Priseur, rue de Provence, n. 8.

Assisté de M. **DHIOS** Fils, rue Saint-Georges, 31

EXPOSITION PUBLIQUE

Le Vendredi 28 Mars 1856, de midi à cinq heures

PARIS

MAULDE ET RENOU

IMPRIMEURS DE LA COMPAGNIE DES COMMISSAIRES-PRISEURS

Rue de Rivoli, 144.

1856

EXEMPLAIRE DE DHIOS

CATALOGUE

D'UNE COLLECTION

DE

BONS TABLEAUX

ANCIENS

DES ÉCOLES ITALIENNE, ESPAGNOLE, FLAMANDE,

HOLLANDAISE & FRANÇAISE

Provenant du Cabinet de M. le Comte de L. R...

DONT LA VENTE AUX ENCHÈRES PUBLIQUES AURA LIEU

HOTEL DES VENTES

Rue Drouot, 5, Salle n° 4, au 1ᵉʳ étage

LE SAMEDI **29 MARS 1856**, HEURE DE MIDI.

Par le ministère de Mᵉ **DELBERGUE-CORMONT**, Commissaire-Priseur, rue de Provence, n. 8.
Assisté de M. **DHIOS** Fils, rue Saint-Georges, 31.

EXPOSITION PUBLIQUE

Le Vendredi 28 Mars 1856, de midi à cinq heures.

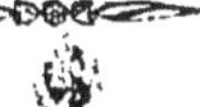

PARIS

MAULDE ET RENOU

IMPRIMEURS DE LA COMPAGNIE DES COMMISSAIRES-PRISEURS

Rue de Rivoli, 144.

1856

D 05412

CONDITIONS DE LA VENTE.

———— oᶜ o ————

Elle sera faite au comptant.

Les acquéreurs payeront cinq pour cent en sus des adjudications.

DÉSIGNATION

DES TABLEAUX

MURILLO (Genre de)

82 — 1 — Saint Jean-Baptiste et son Agneau.

SOLIMÈNE.

45 — 2 — Judith montrant au peuple la tête d'Holopherne.

MARATTE (Carle).

25 — 3 — Le Baptême de Jésus-Christ.

TINTORET.

200 — 4 — Le Christ descendu de la Croix et soutenu par
trois anges.

MOLA (F.).

18=90 — 5 — Agar dans le désert.

LEMOINE.

— 5 — Diane et Endymion.

LOUTHERBOURG.

— 7 — Passage d'un ruisseau par un troupeau.

LALLEMAND.

— 8 — Ruines d'architecture au bord de la mer.

ROBERT (Hubert).

9 — Riche habitation avec jardins traversés par une rivière.

KETLER.

— 10 — Paysage avec figures et animaux.

ÉCOLE HOLLANDAISE.

— 11 — Vue d'un port de mer. —

VAN BLOOMEN.

— 12 — Chevaux au pâturage. —

MOLA (F.).

— 13 — Sainte Famille. Repos en Égypte. —

SALVIOUSE et Jean MIEL.

— 14 — Riche palais au bord de la mer, orné de ... figures.

VAN DYCK (École de).

— 15 — La Vierge et l'enfant Jésus.

DU MÊME.

— 16 — Le Christ aux roseaux.

VIEN.

— 17 — Tête de vieillard.

VÉRONÈSE (ALEXANDRE).

— 18 — Enlèvement d'Orithye par Éole.

LECLERC (DES GOBELINS).

19 — Groupe de baigneuses.

DU MÊME.

20 — Pendant du précédent.

TÉNIERS (École de).

— 21 — Mendiant et sa femme.

POUSSIN (École de NICOLAS).

22 — Enlèvement d'Orithye par Éole.

BOUCHER (FRANÇOIS).

— 23 — Apollon reçu par les nymphes à sa naissance.

BLANCHARD.

— 24 — Naissance d'Adonis.

LUCA GIORDANO.

— 25 — Triomphe d'Amphitrite.

CORNEILLE (Michel).

26 — Saint Jérôme.

EREMBERG et JEANSENS.

— 27 — Un festin dans un riche palais.

CARRACHE (École de).

— 28 — Martyre de saint André.

LAGRENÉE.

— 29 — Tullie faisant passer son char sur le corps de son père.

PORBUS (Genre de).

30 — La Cène.

SIRANI.

31 — Cléopâtre se donnant la mort.

COYPEL.

32 — Vertumne et Pomone.

LAJOUE.

33 — Attributs des sciences et des arts.

DU MÊME.

34 — Pendant du précédent.

FRANCK (F.).

35 — Le Repas du mauvais riche.

SÉGHERS (Gérard).

36 — Judith portant la tête d'Holopherne. Effet de lumière.

STEEN (Jean).

37 — Le gâteau des Rois.

PATER.

38 — Fête champêtre. Belle composition.

VELASQUEZ (Attribué à).

39 — Portrait de Philippe IV.

ÉCOLE HOLLANDAISE.

40 — Portrait de femme à collerette.

ROCPEL (Signé).

41 — Réunion de fruits dans un paysage.

VAN GOYEN.

— 42 — Vue prise en Hollande.

RUISDAEL (Salomon).

— 43 — Marine. Vue de Hollande.

BOUCHER (École de).

— 44 — Groupe d'amours qui jouent avec des oiseaux.

RAOUX.

— 45 — Portrait d'une jeune femme qui tient un oiseau
à la main.

ROSE (de Tivoli).

— 46 — Patres gardant des chèvres dans des ruines.

ÉCOLE ALLEMANDE.

— 47 — Sainte Famille.

— 48 — Vue des bords du Rhin. Gouache.

— 49 — Pendant du précédent. Gouache.

ÉCOLE FRANÇAISE.

— 50 — Secours portés à un cavalier blessé.

ÉCOLE FLAMANDE.

— 51 — Le Bénédicité.

— 52 — Loth et ses Filles.

LINCHELBACK.

161 — 53 — Paysage avec figures et animaux.

OUDRY (Jean-Baptiste).

— 54 — Chien et Canard.

RAOUX.

— 55 — Le Concert.

MARATTE (Carle).

— 56 — Femme portant un crible.

OUDRY (Jean-Baptiste).

— 57 — Chien couché.

MILLET (Francisque).

— 58 — Jésus et les Disciples allant à Émaüs. Paysage.

BEUCKELAER (Joachim).

— 59 — La Piscine miraculeuse.

JORDAENS (Jacques).

— 60 — Mercure endormant Argus.

ÉCOLE FRANÇAISE.

— 61 — Portrait de François-Zenoble-Philippe d'Albergoti, lieutenant des armées du roi, 1711.

— 62 — Portrait du duc de Roquelaure.

BLOEMART (ABRAHAM).

— 63 — Ajax se précipitant sur son épée.

CARRACHE (LOUIS).

— 64 — Sainte Marie l'Égyptienne.

TÉNIERS (École de DAVID).

— 65 — Intérieur flamand.

RIGAUD (Attribué à).

— 66 — Portrait de Louis XIV.

VAN DYCK (École de).

— 67 — Le Christ en croix.

ROTHENAMER (JEAN).

— 68 — La sainte Vierge adorant l'enfant Jésus.

EVERDINGEN (ALLAERT VAN).

— 69 — Sainte Madeleine priant dans la solitude.

VOUET (Simon).

— 70 — La Vierge et l'enfant Jésus.

SCALBERGE (Frédéric).

— 71 — Jonas avalé par la baleine.

TERBURGH (Gérard).

— 72 — Scène d'intérieur dans laquelle on remarque plusieurs personnes qui font de la musique.

ÉCOLE HOLLANDAISE.

— 73 — Vue d'un village.

HERREYNS (G.).

— 74 — Sujets allégoriques sur l'histoire de Pépin et Clovis, rois de France. Dessins à l'encre de Chine.

TÉNIERS (David).

75 — Un Fumeur.

DU MÊME.

76 — Un Buveur.

JEANSENS.

— 77 — Intérieur. Composition de plusieurs figures.

FRAGONARD.

— 78 — Dans un intérieur, deux jeunes époux contemplent leur enfant qui dort dans un berceau.

PINACKER.

— 79 — Marine.

BARROCIO.

— 80 — Le Repos en Égypte.

GUIDE (École du).

— 81 — Diane entourée de ses Nymphes.

HUISSMANS.

— 82 — Paysage, site italien.

LÉPICIÉ.

— 83 — Une charmante jeune fille est couchée sur un lit, ses vêtements sont en désordre, elle semble dormir.

KALF.

— 84 — Nature morte.

CORRÈGE (École du).

— 85 — Vénus et l'Amour.

MOLA (F.).

26 + 86 — Saint Jérôme dans le désert.

DEHEEM.

33 — 87 — Nature morte.

DENNER (Genre de).

7 88 — Portrait de femme.

DIÉTRICH.

23 — 89 — Naufrage.

COYPEL.

90 — 90 — Bacchus et Arianne.

ÉCOLE FLAMANDE.

— 91 — Intérieur où l'on voit une famille; un enfant est effrayé par une oie.

POELEMBURG.

61 — 92 — Baigneuses.

BRAKENBURG.

20 + 93 — Scène galante dans un intérieur

PATER.

94 — Les Baigneuses. Tableau traité en esquisse.

WATTEAU (Genre de).

95 — Le Tireur de cartes.

RUISDAEL (SALOMON).

96 — Marine. Vue de Hollande.

PORBUS (Genre de).

97 — Portrait du duc de Bourgogne.

BRAMER (LÉONARD).

98 — Un Philosophe.

TÉNIERS (Genre de).

99 — Trois hommes font la conversation dans une écurie.

OMMÉGANK (Genre de).

100 — Pâtre gardant des vaches.

ÉCOLE FLAMANDE.

101 — Enfance de Bacchus.

ÉCOLE HOLLANDAISE.

102 — La Consultation.

GOUARDI (Genre de).

—103 — Vue de Venise.

COLIN.

—104 — L'Apothéose de Napoléon.

—105 — Sous ce numéro les articles omis.

Maulde et Renou, Imprimeurs de la Compagnie des Commissaires-Priseurs,
rue de Rivoli, 144.

www.ingramcontent.com/pod-product-compliance
Lightning Source LLC
LaVergne TN
LVHW021801030726
842523LV00003B/1143